가는 길 오는 길

가는 길 오는 길

ⓒ 홍검사, 2025

초판 1쇄 발행 2025년 11월 15일

지은이	홍검사
펴낸이	이기봉
편집	좋은땅 편집팀
펴낸곳	도서출판 좋은땅
주소	서울특별시 마포구 양화로12길 26 지월드빌딩 (서교동 395-7)
전화	02)374-8616~7
팩스	02)374-8614
이메일	gworldbook@naver.com
홈페이지	www.g-world.co.kr

ISBN 979-11-388-4925-8 (03810)

- 가격은 뒤표지에 있습니다.
- 이 책은 저작권법에 의하여 보호를 받는 저작물이므로 무단 전재와 복제를 금합니다.
- 파본은 구입하신 서점에서 교환해 드립니다.

작가의 말

사람이 산다는 것은 숨을 쉬면서 생활 터전을 가꾸어 가는 것이다.
그 생활 터전이 때로는 맑은 날도 있을 것이고 흐린 날도 있을 것이다.
맑은 날은 맑은 날대로 행복한 미소가 흐를 것이고 흐린 날은 흐린 날대로 반성하고 한 번 더 생각하면서 다시 맑은 내일을 위한 준비의 시간.

살아가면서 사랑한다면 한 사람의 모든 것을 받아들여야 한다고 생각한다. 오늘 흔들릴 때는 그 흔들림이 바로 설 수 있도록 버팀이 되고 어제는 바꿀 수 없어도 내일을 만드는 책임이 있기 때문이다.
진정 자신을 사랑하지 않으면 타인을 사랑할 수 없다. 남을 생각한 것은 결국 나를 생각한 것이기에 누군가에게 사랑의 말이 희망과 기쁨을 주었다면 그 누군가는 지금 희망과 기쁨으로 설레고 있을 것이다.

그러므로 남을 사랑한다면 나의 이기(利己)를 벗어난 것이다.

그 작은 일에서부터 우리는 가슴이 더워진다는 것을 세상으로부터 느껴보고 싶기 때문이다.

세상이 무너지는 것을 막을 수 있는 유일한 방법이 사랑이라는 말이 꼭 맞는 것 같다.

글을 쓴다는 의미에서 첫 산문집 《無等山日記》를 출간 했을 때의 벅찬 감회와 기쁨이 있었고 첫 시집 《복사꽃이 필 때》를 출간하고 두 번째 시집 《가는 길 오는 길》을 출간하게 되었다. 연로하신 부모를 모시고 부대끼면서 노인네의 경험에 축척된 철학을 틈틈이 글자화하는 것이 어쩜 지나감을 잊지 않기 위한 노력인지도 모르겠다. 때로는 웃음 지으면서 때로는 큰소리 지르고 생활하면서 틈틈이 메모하고 다듬다 보니 다시 책 한 권 낼 수 있게 되었다.

목차

004 작가의 말

010 가는 길 오는 길 1
015 가는 길 오는 길 2
017 가는 길 오는 길 3
018 가을
019 감꽃
021 겨울
022 골목길
024 기다림
025 기쁜 날
026 꼴기 없기
027 꽃
028 꽃잎 마음
029 끼니정상
033 너와 함께하고픈 향기
034 녹색의 향연
035 눈부신 내 분신
036 닮은 꼴

038 대화 1
041 대화 2
043 라흐마니로프 피아노
     협주곡 2번
044 라부부 인형
046 따뜻한 마음
047 딸아이 결혼식 날에
051 마음
054 멋진 나의 새록새록
     님에게
055 무지개
057 무지개마을
058 바람개비
059 방황
060 방황의 끝
062 뻐꾸기
063 병원에서 1

065	병원에서 2	094	신 고려장(新 高麗葬) 2
068	병원에서 3	095	신 고려장(新 高麗葬) 3
070	병원에서 4	096	신 고려장(新 高麗葬) 4
073	병원에서 5	097	신 고려장(新 高麗葬) 5
077	복	098	신 고려장(新 高麗葬) 6
078	북두칠성	099	신 고려장(新 高麗葬) 7
079	분신의 향기	100	신 고려장(新 高麗葬) 8
080	사위	102	신 고려장(新 高麗葬) 9
081	산수동 늑대	103	신 고려장(新 高麗葬) 10
083	설날 세배	104	십육 척
085	설렘 1	105	안경 너머 세상
086	설렘 2	107	약
087	소중한 선물	110	여름
088	시절인연 1	112	여름맞이
089	시절인연 2	113	여행
091	시절인연 3	114	열망
093	신 고려장(新 高麗葬) 1	115	오목샘거리

119	오혈봉	145	치매 4
121	오수(午睡)	148	치매 5
122	용궁제	150	치매 6
124	용설란	154	치매 7
125	유월이면	157	치매 8
127	이별	163	치매 9
128	인불암에서	166	치매 10
130	자식 노릇	168	치매 11
132	잡초 1	170	치매 12
133	잡초 2	171	치매 13
134	지게와 바작	172	치매 14
135	청진기	173	치매 15
138	촛불	174	치매 16
139	추억	175	치매 17
140	치매 1	176	치매 18
141	치매 2	177	치매 19
143	치매 3	178	치매 20

184 카톡

185 카리스마

186 타이레놀

187 택배

188 토정비결

189 포도

190 파도

191 하나님의 능력

192 행복

193 행복의 문

194 행복한 가을 속으로

195 향기

196 황금들판

198 황금빛 호수

199 흔적

가는 길 오는 길 1

음력 섣달 스므사흘
짧은 겨울 해는
들판 건너 산등성이로
뉘엿뉘엿 넘어가고
검붉은 노을 따라
잠시 적막이 흘렀다
금세 어둠이 왔다

마실 다니던 개데기[1]들은
부산나게[2] 사립문 사이로 들락날락거리고
울타리 자락 쪼아대던 수탉들이 홰에 오를 쯤
아이고
아이고
아이고
과수원 옹씨 노인 집에서
곡(哭)소리가 들렸다

----

1) 고양이.
2) 바쁘게.

구학년 오반 옹씨 노인이
천수(天壽)를 누리고
이승에 작별(作別)을 한 모양이다

소식은 금방
마을 일가간[3] 사람들이 모여들고
한달음 달려오는
직손(直孫)들은
사립문 밖에서부터 울음바다가 되었다

마당에는
채알[4]이 쳐졌다
덕석[5]이 깔아지고
대나무 간짓대[6]에 전구알 매달아 불을 켰다
토제[7] 귀퉁이에 상방(喪房)이 차려지고
여기저기 부뚜막 솥단지에서는
뭉게 김이 나기 시작했다

....
3) 친척.
4) 햇빛을 가리기위해서 치는 장막.
5) 짚으로 엮어 만든 큰 자리.
6) 대나무 긴장대.
7) 마루.

찌지찌직 찌찌찍
동네 스피커에서
마을 이장(里長)이
옹씨 노인 부고(訃告)를 알렸다
가는 길
가는 길
가는 길
저승으로 가는 길

동도 트기 전 이른 새벽
응애에
응애
응애에
바우배기 뽕나무 공씨 집에서
갓난아기 울음소리 들려
마을에
수십 년만 귀한 손님이 찾아왔다
사립문 위에는 왼쪽 새끼줄에
붉은 고추
검정 숯
금줄이 걸렸다
마을 이장(里長)은

요하천(邀河泉) 우물터에
정한수 한 그릇 정성스레 떠놓고
귀한 손님 건강(健康)과
마을의 안녕을 빌었다
오는 길
오는 길
오는 길
이승으로 오는 길

아이고
아이고
아이고
옹씨 노인 댁 곡(哭)소리
어허너
어허너
어야리 넘자 어허너
옹씨 노인 북망산천길
구슬픈 상여 소리

응애에
응애
응애에

바우배기 뽕나무 공씨 집에
이승으로 오는 귀한 손님의 울음소리
고요한 새벽을 깨우고

서른호(戶) 남짓
외딴 산골마을에는
가는 길
오는 길이
교차하고 있었다

가는 길 오는 길 2

가는 길
모든 이야기를
발자국에 묻혀 남기는
조용한 노래

오는 길
아직 보지 못한 풍경들
가슴에 품은 채
햇살에 기대어 걷는 여정

가는 길
저녁 바람에 실린 기억처럼
조용히 마음을 감싸며
내려놓는다

오는 길
아침이슬에 젖은 숨결처럼
설렘을 품고
세상의 문을 두드린다

길은 끝나지 않고
한 번의 떠남과
한 번의 돌아옴이
겹겹이 쌓여
가력(家歷)을 이어간다

가는 길 오는 길 3

가는 길
저승으로 가는 길
돌멩이마다
지난날이 묻고

오는 길
이승으로 오는 길
꽃잎마다
새날이 피어난다

저승으로 흘러가는 발자국
이승으로 피러나는 꽃잎

노인의 발자국이
조용히 땅을 스치고
갓난아이의 울음소리가
새벽을 깨운다

가는 길
오는 길

가을

풍성한 수확의 계절
누런 황금빛 논들이
콤바인 작업으로 분주하다
가을 농사철
부지깽이도 덤벙인다는 속담도
이제는
옛 이야기로 남아
기계들이 알아서 척척
늙은 쥔네는 거져
지팡이 짚고서
가을 구경
시상은 참 좋은 시상인디
맛이라는 것이 없어
시상[8] 맛이라는 것이

----
8) 세상.

감꽃

매년 이맘때쯤
감꽃이 필 때
동도 트기 전
최씨네 아이들은
분산등[9]으로 감똑[10]을 주우러 담박질[11] 쳤다

마땅히
군것질거리가 없었던 시절
감꽃은
맛있는 군것질거리
어린 동생은
실로 감똑을 꿰어 목걸이를 하고
한 살 위 오빠넘은
감똑 목걸이에 하나씩 빼먹고
어린 동생은
징징

....
9) 동네 안의 지명.
10) 감꽃.
11) 달리기.

매년 이맘때쯤

감꽃이 필 때

이른 새벽

최씨네 아이들이

분산등으로 감똑을 주우러 담박질 쳤다

겨울

파란 보리밭에
겨울새가 앉았습니다
흐르는 것이 있어
눈을 뜨면 바람뿐입니다

벙어리와 대화마냥
겨울은 그렇게 오고 있었습니다

얼어붙었던 강
어이없이 흘러 버린 웃음들이
다시 뜨거움을 안고 돌아갑니다

긴긴 겨울 길들은
파름한 연기와 함께
동행을 하고 있습니다

겨울은
가난하고 어려운 이들이 손을 잡고
빈 하늘을 빙빙 돌고만 있습니다

골목길

여름날
잠뱅이 까까머리
구슬치기
자치기
단방구놀이
떼기치기[12] 하던 골목길

검정치마
단발머리
부스스 헝클어진
머리칼 날리며
고무줄놀이 하던
자쭉게 놀이[13] 하던 골목길

하루 종일 시끌벅적했던
골목길

....
12) 딱지치기.
13) 공기놀이.

지금은
사람이 없다
아이들이 없다

이따금
유모차 끌고
지팡이 짚고
엉거주춤
노인네들
종종걸음
하늘 한번 치어다보고
왔다리갔다리 하는
골목길이 되었다

기다림

바람은 조용히 속삭이고
내 마음은
오래 묵은 그리움을 꺼내어
살며시
손끝에 올려놓는다
초록 잎새 사이로
스며드는 햇살은
나의 기억을 부드럽게 감싸고
서로 다른 시간 속에서
같은 순간을
기다리는 마음이
꽃처럼 피어난다
그리움도
기다림도

기쁜 날

연두빛 싱그러운
봄의 향기가
코끝에 와서
엔돌핀 가득히
그대 마음의
향기가 그윽했다
무엇과도
바꿀 수 없는
이 기쁨과
용솟음치는 희열
나의 마음속
깊숙이
분신의 향기로
가득한
은은함과 만족감
오늘은 기쁜 날

꼴기 없기

따스한 마음
외로움은
그냥 외로움이 밀려올 때
그냥 외로움을 느낄 때
그냥 무성의한 태도
그냥 성의 없는 답
따스한 마음
꼴기 없기

꽃

꽃은
나비에게
벌에게
바람에게
자기의 달콤함을 내어주는
소중함과
아름다움을
베풀어주는 나눔

꽃잎 마음

꽃잎 마음으로
언제부턴가 봄이 되면
꽃샘추위와 함께 핀
꽃망울을 만끽하며
신비로움과 아름다움에 도취하게 된다
내 분신이 있으므로
시간 시간의 소중함을 더해가듯이
항상 보고 있어도
돌아서면 그립다
내 분신의 소중함과 그 자기가 있어
감사하고 즐겁다
어떠한 경우에도
항상 꽃잎 같은 그 마음으로
언제부턴가 봄이 되면
꽃샘추위와 함께 핀
꽃망울을 만끽하며
신비로움과 아름다움에 도취하게 된다
내 분신이 있으므로

끼니정상

- 아들
  아따메
  귀찮해 죽것네

- 어마니
  머시 귀찮해 죽것어야

- 아들
  끼니정상[14]이제
  삼시세끼

- 어마니
  삼시세끼 묵는 것인디
  어찐다냐
  귀찮은 것도 쌌네 쌋어

- 아들

....
14) 식사 차리는 것.

어마니
  하루 한 끼씩만 묵기로[15] 헉까?

- 어마니
  길드리면 어쩔라디
  그까짓거 못 헐라디야

- 아들
  진짜로 한 끼씩만 묵자고?

- 어마니
  살면 얼마나 살것다고 한 끼씩만 묵어야
  허는 대로 허제
  귀찮은 것도 허데 쌋네
  밥 차리기 싫으면 냅둬라
  내가 헐랑게
  암긋도 아닌 것 가지고
  귀찮네 어친네 그래 쌋네

- 아들

....
15) 먹기로.

밥 묵을 시간이
금방 금방 돌아오니까 글제
뭔 일을 못 허것어
진짜로 글먼 냅둬
고생헌다고 말헌자리 안 허구만이

- 어마니
뭐 그렁 거이 고생이다냐
나는 이날 평생 했는디

- 아들
헐 말이 없네이
죽어도 내 편은 한 번 안 들어 주네

- 어마니
뭐 그렁 거이[16)]
편 들어주고 말고 헌다냐
식구끼리

- 아들

....
16) 그런 것이.

맞네 맞어
식구끼리

오늘도 아들은 판정 패

너와 함께하고픈 향기

햇살이
서쪽 그늘을 깔고 앉아
푸른 하늘가를 당겨가면
나는
너에게로 향한다
나의 뜨거운 가슴속에
너의 향기는
그리고 그리고
너의 탐스럽고 부드러운 젖가슴
아 사랑하고 싶다
내 안에 아름다운 사람
해맑은 미소가 있었으니
너와 함께하고픈 향기

녹색의 향연

녹색의 잎새는
마음이 안정되고
편안하고 생동감을 느낀다
마음껏 심호흡해진다
잎새 사이사이 쭈빗쭈빗
내밀어진 얼굴들
하지(夏至)지난
이글거리는 태양
이따금 시원하게 내리치는
소나기
시커먼 먹구름
천둥번개
또 한 시절
여름날 풍경이
차곡차곡 쌓여가고 있다
녹색의 향연 속에서

눈부신 내 분신

싱그런 아침
바람이 코끝을 스친다
두 손을 가슴에 얹고
분신을 생각하는
아침 발길
움직임과 표정
그 이동의 흔적이다

때로는 감사와 흥분
때로는 분신으로 인해 눈부심
눈부신 내 분신님
사랑은 화를 안 내는 거래요
느낌으로 이해하는 거래요
늘 보고 싶게 만든 그대는 누구신가요?

닮은 꼴

계절의 여왕 오월

싱그러움

푸릇푸릇한 잎들이

어우러져 숲을 만들고

맑은 공기

새소리

물소리

아름다운 들꽃들의 향내음이

코끝을 스치며 나를 유혹한다

무엇과도 바꿀 수 없는 함께한 순간들

훅 불어버리면 날아가 버릴 것 같은

불안한 두려움

마음이 외롭지 않으면

그림처럼 어느 순간

도달해있는 행복

우리의 행복과 낙원은 마음속에 있는 것

어떤 조건이라도 함께할 수 있다면

왜 닮은꼴일까?

나처럼 항상 외로워 보이고

성격상 환경상

안아주고 싶은 마음

빈틈없이 계산적인 것 같지만

정적인 면이 많고

차돌처럼 차갑게 보이지만

장작불처럼 따뜻하다

내 일이 아니면 관심이 없다

소극적인 것 같지만 쟁취하려고 맘먹으면 적극적이다

산을 오를 때 아무리 힘들어도 정상에 가야만

모든 것이 완벽하게 보고 느낄 수 있듯이

더 좋은 시간들을 보내기 위해

인내력도 별 뜻 없는

급한 성격상 꼴도 비슷

이래 닮은꼴

사랑은 모든 허물을 덮어주는 것이래

대화 1

아침 일찍
아들은 뒷밭에 나가 깨를 베어다
두 발 손수레에 싣고 와서
마당에 널어놓고
어머니 귀에다 대고 신신당부
더우니까 마당에 나가지 말라고
더우니까 마당에 나가지 말라고

알았어
알았어
안 나가

아들은 읍내 회의 있어
자동차 시동을 켜고
대문을 나가
빨래통거리 지나다
아무래도 미심쩍어
다시 되돌아 집으로 향했다

더룹디 더운 마당에서는
빨강 옷
한 어른 지근재근
춤을 추고 있다

워매 환장허것네이
더워 죽것는디
머더고 있을까이
머던디 마당에 나오냐고
안 나온다고 해놓고

깨 떨라고 나왔제
아이 떨어야제 쓰것냐
다 꼬실라지구만

워매 워매
참말로 환장 허것네이
아프단 소리를 허던지 말던지
쪼까 뺑헝게17) 그새를 못 참구만이
사람 상가시게

....
17) 나은 듯하니까.

머시 상가새야
뱉소리를 다 허네

그렇게 말 안 들을라면
인자 나도 몰르것어
나가 부러야 스것구만

어디를 나가야

우리 집으로 가제 어디를 가

여그가[18] 느그 집 아니냐

맞네 맞어
여그가 우리 집이네

----
18) 여기가.

대화 2

- 아바니
  어이 성산댁

- 어마니
  왜 불르요
  밸짝스럽네

- 아바니
  같이 못 자것네

- 어마니
  머슬 같이 못 잔다고
  글먼 어찐다고
  머 땀시

- 아바니
  수면 이혼 혀야것어
  코를 웬만히 골아야제

- 어마니

  수면 이혼이 머신디

- 아바니

  잠잘 때만 따로 자는 것이여

- 어마니

  워매

  밸 오감지 같은 것도 있는갑네

- 아바니

  ???

라흐마니로프 피아노협주곡 2번

한 음
한 음이
겨울방죽의 얼음을 깨듯
울려퍼진다
고독과 열망이 깨어나
장맛비처럼 쏟아진다
그가 남긴 음악은
시간을 건너온 편지
영혼이 담긴
뜨거운 숨결
들으면 들을수록
내란의 파도는
치솟는다
선율 속에서
인생은 한 번 더 숨을 쉰다

라부부 인형

경제용어

밴드왜건 효과[19]

남들이 사니까

나도 샀다

특별한 기능도 있는 것도 없다

브랜드 히스토리가 화려치도 않는데

요즘 이게 유행이랴

너도 샀어?

이런 말들이 반복되어

나만 없으면 안 될 것 같은

강박관념이

기능적 가치보다

밴드왜건 효과로 인한

감정적 소비의 상징

가치관 판단

---

[19] 소비자가 어떤 재화를 소비할 때 다른 소비자들이 많이 소비하는 재화에 영향을 받아 그 소비 형태를 따라가는 현상.

만족스런 소비
열풍은 열풍 자체로

따뜻한 마음

여유로운 마음으로 권하는

커피 한 잔에

포근함을 느낀다

따뜻함

여유로움

기분 좋게 하는 향 내음

일할 수 있는

활력소를 만들어주는

작은 배려가 큰 것을 이루게 한다

건강한 마음과

뜨거운 체온 때문에

장작불로 달궈진 온돌방이 될 것 같다

올 겨울엔

딸아이 결혼식 날에

양력 을사년 일월 십구 일
음력 갑진년 섣달 스므날
곱게 키운 딸아이가 시집을 갔다
결혼 예식을 치루던 날
이 세상 그 무엇과도 바꿀 수 없는
가장 아름답고 예쁜
하얀 드레스 신부
딸아이 손을 잡고
신부 입장하는 순간
지난날들이 오버랩되고
나는 행복한 아버지가 되었다

내 유년 시절부터
나는 내 딸아이의 이름을 지어놓고
장담 아닌 장담을 했었던 용기
그리고 언제일지 모를
딸아이 만나는 날을 손꼽아 기다림이
이쁜 아내를 만나 결혼을 했고
그리고

딸 아이 다혜를 만나던 날

우리 곁에 천사의 모습으로 와주었다

행복 가득 아름다운 시간

기억하지 기억하지 항상 내 머릿속에

딸바부 딸바부 아빠는 시작되고

매사 져주어야만 했던 딸바부 아빠

아빠와의 약속

아빠의 가르침 속에

매사 똑 부러지게 강단 있게 성장했고

예쁘게 예쁘게 자라서

천사 같은 모습으로 눈망울 마주치던

그 아이 다혜가

멋진 청년 재현이를 만나

그들의 인생 삶을 시작하게 되었다

남편과 아내로 긴 여정을 살아가는 방법은

아끼는 마음

사랑하는 마음

존경하는 마음이다

두 사람이 한 사람보다 나음은

그들이 수고함으로 좋은 이상을 얻는 것이라 했다

그동안

통금 아닌 통금시간 규정을
아버지와의 약속을 잘 지켜주어서
감사함과 고마운 아버지 마을을 전한다
오늘부로 퇴근 보고는 해제한다

"아빠 아빠 예식날 울 거지 울어야 해"
"이쁜 딸이 시집가잖아"
"이번에도 내가 이길걸 분명히 아빠 울걸"
"울 거지 울 거지 울어야 해"
예식 전날
딸아이는 압력 아닌 압력으로 협박(?)을 했다
얼척이 없었다

예식날 덕담 한마디 시간
단상 아래 하얀 드레스 신부가 눈을 깜박이지 않고
내 눈을 뚫어지게 쳐다보고 있었다
이제나 저제나
내 눈에서 이슬이 맺히는 것을 확인하려는 듯
그러나
나는 덤덤히 덕담을 끝내고 행복한 미소로
내려왔다
이번엔 내가 이겼다

딸아이 손을 잡고 식장으로 인도하던 날
눈가에 이슬이 맺힐 뻔해도
그러나
이번엔 없었다
잔잔한 행복의 미소뿐
이제
너의 행복은
세상 가장 큰 아버지의 기쁨이다

마음

- 아들
  어마니

- 어마니
  왜 그러느냐

- 아들
  왜 어마니가 심은 콩은
  잘도 났는디
  내가 심은 콩은 나도 안 헌디
  왜 그럭까이

- 어마니
  아이
  땅도 다 알아야
  정성이 들어가면서
  호맹이질[20]을 했는지

....
20) 호미질.

  그냥 건성건성으로 했는지
  니가 마음을 딴디다 두고
  호맹이질을 했웅게 그래것제

- 아들
  워매
  인자 밸소리를 다 듣것네이
  머시 그렁거이 정성이냐고
  그냥 호맹이로 땅 끄적끄적해서
  콩 씨앗 넣고 흙 덮은거이

- 어마니
  그렁게 글제
  땅이 괜히 글것냐
  왜
  겨울에 피는 꽃은
  겨울까지 기다려야 하는지 한다냐
  니 마음이 그렁거이 아니니까
  땅도 알고 있었것제

- 아들
  워매

뭔 그런 철학적인 애기를 하셔부요
내가 못 당허것소
내가
낼 아침에 가서 땅한테 물어 볼라요

- 어마니
  몰르긴 몰라도
  땅이 니 편 안 들어줄 건디야

- 아들
  할 말이 없네
  할 말이 없어

멋진 나의 새록새록 님에게

오직 당신
오늘 당신만을 생각합니다
당신은 나만을 생각하기를 원합니다
연꽃처럼 청아하고
순수한 예쁜 마음으로
유리잔에 담아 깨질새라
항상 모두어 간직합니다
당신의 멋스러움
따뜻한 마음
친절한 말
당신의 찐한 국향에 취해 일어나
당신을 생각하며
미소를 머금고
아침 출근길
가벼운 발걸음
멋진 나의 새록새록 님

무지개

무지개
빨주노초파남보
태양의 반대편에 선다
유년의 시절
무지개가 뜨면
무지개를 잡으러 뜀박질을 했었지
잡을 수 없는 무지개
한 걸음 다가가면
무지개는 한 걸음 달아나고
두 걸음 다가가면
무지개는 두 걸음 달아났었지
잡을 수 없다는 것을 알게 되기까지는
꽤 오래 걸리지 않았었지
그만큼
애어른이었다는 거지
그러나
지금은
잡아보려는 오기가 생긴다
그만큼 살아왔던 테두리가

밋밋했었다는 거지
뜬구름 잡는 대명사
무지개
그래도
무지개 하늘을 보면서
마음속 중얼거림은?

무지개마을

태권동자 마루치 아라치

파란해골 13호

텔레비전이 귀했던 시절

MBC 라디오 방송

어린이시간

무지개 마을

꼭 그 시간에

불모[21] 돌리며 쇠죽[22] 쓰는 시간

부뚜막에 라디오 올려놓고

귀 쫑긋 쫑긋

태권동자 마루치 아라치

파란해골 13호

무지개 마을은

유년시절의 낭만이었다

---

21) 풀무.
22) 짚과 콩 풀 따위 등을 섞어 끓인 소의 먹이.

바람개비

바람개비는
혼자서는 돌 수가 없다
바람이
몰래 다가와
바람개비에 속삭이면
바람개비는
윙윙 팔랑팔랑 소리를 내고
돌아간다
그러다
그러다
잠시 바람이 떠나버리면
바람개비는
혼자가 되어
먼 산 능선에
다시 올 바람을 기다리며
기대어 선다

바람개비는
혼자서는 돌 수가 없다

방황

계절에 민감한 전령사들이
전선의 고요한 적막을 깨웠다

폭염의 열기도
순리에 벗어나
실록의 자태는 갈색의 주검으로
대지에 뒹굴고
기다림이란 긴 동면의 시간

잡힐 듯 잡힐 듯
멀어져가는 생의 함성은
비애와 갈등 속에서
서러움을 남기며
원점에서 방황을 한다

위선 없는 마음
추억은
다시 원점에서 방황을 했다

방황의 끝

터벅터벅
목적지도 없이 걸어간다

소나기 한없이 퍼붓는
낡고 부서진 황량한 거리를
터벅터벅
목적지도 없이 걸어간다

거센 태풍에 밀려
이그러진 똑딱선
부둣가는
무성한 잡초 우거져
인적은 끊어지고

낡아 찢어진 문짝 안엔
몇몇 계집들만 잠자리 들고
사내들은 아침을 먹는다

터벅터벅

목적지도 없이 걸어만 간다

찰싹 붙어 뚜렷해진
계집의 곡선과
출렁이는 젖가슴 파도가
더러운 사내들을 부르고 있다

뻐꾸기

동도 트기 전
집 뒤편 봇대 꼭대기에서
뻐꾸기 한 마리
뻐꾹 뻐꾹 뻐뻐꾹

매년 이맘때
어김없이 찾아와
지난 향수(鄕愁)를 자극한다

아침 일찍 울어대고
점심나절 지나
해질 무렵
다시
뻐꾹 뻐꾹 뻐뻐꾹
몇 번을 울다가

전봇대
어디로 가는 걸까
후다딱 날아가버렸다

병원에서 1

- 어마니
  아이
  왜 이리 아프다냐
  문꽉[23]이 아퍼서 죽것다

- 아들
  아프제 안 아프것소
  생살에 구멍을 뚫었는디
  그래도 어른잉게 쪼가 참으면 어쩔까?

- 어마니
  어른이다고 아픈 것이 안 아프다냐
  말도 방구도 아닌 소리 허고 있네
  아퍼 죽것구만

- 아들
  참나 뭔 말을 못 허것구만이

....
23) 무릎.

쬐간헌[24] 애기들만치로 아프닥헝게 글제

- 어마니
 글먼 아픈디 안 아프닥해야

- 아들
 맞네 맞어
 아픈게 아프닥 허것제

------

24) 조그만.

병원에서 2

- 어마니
  아이
  인자 집에 각그나

- 아들
  뭔 집에를 가
  여그 병원이 집이여
  아픈디 나을 때까징은

- 어마니
  집에 가자

- 아들
  어째서 헌 소리 또 허고 또 허고 그럭가이
  참말로 상가세 죽것네이

- 어마니

꼬치[25]도 심어야 슥거인디
　깨도 숭거야[26] 허고
　다른 사람들은 다 숭거붓것다
　이러고 있응게 글제

- 아들
　워매 워매 환장허것에이
　진작에 다 심어놨어

- 어마니
　언제야 못 봤는디

- 아들
　어마니 잘 때 다 해놨어
　꼬치는 열리게 생겼네

- 어마니
　말도 아닌 소리 허고 있네
　인자 오월달인디

....
25) 고추.
26) 심어야.

뭔 꼬치가 열려야

- 아들
  워매 날짜 간지는 어찌게 악까
  아퍼서 뉘 있는 양반이

- 어마니
  워매
  나를 미령퉁구[27]로 안갑네

- 아들
  아니 그것이 아니고
  어마니가 영리하다고 헌 소리제

- 어마니
  엎드려 절 받기 허기 싫어

- 아들
  워매 삐쳐붓는갑네

....
27) 바보.

병원에서 3

휴무일이면
병원은
적막 강산이다

정문 출입문은 폐쇄되고
응급실 쪽 후문으로 환자나 보호자 증표로
출입이 허용된다

원무과 모든 진료실은 문이 닫혀있고
입원동 환자들만
침대에서
수액병 약물 떨어지는 방울만 물끄러미 쳐다보며
휴무일을 보낸다
가끔 주사바늘 들고 간호사 왔다 갔다 할 뿐

위문이라도
시끌벅적
다시 빠져나가면
적막이 흐른다

휴무일이면

병원은

적막 강산[28]이다

---
28) 쓸쓸하고 고요한.

병원에서 4

- 어마니
  아이
  왜 밥이 맛이 없다냐

- 아들
  먼 밥이 맛없닥 헉까
  맛만 있구만

- 어마니
  아니
  맛이 없응게 맛없닥 허제
  아조 나를 검불 취급 허구만

- 아들
  머시 검불 취급이여
  생 어거지를 승게 글제
  참말로 상가세 죽것네이

- 어마니

치워부러라 안 무글란다

- 아들
  글지 말고 얼릉 먹어
  그래야 얼른 나아서 집에 가제

- 어마니
  아니 여그가 집이닥 안 했냐
  뭔 집에를 가야

- 아들
  워매 환장 허것네
  나도 몰르것네
  가부러야 것구만
  어마니 혼자 있어 보시요

- 어마니
  갈라먼 가부러라
  느그 아버지 오락 허먼 되제

- 아들
  워매 환장 된장 허것구만

죽어도 내 편은 안 들어주네

- 어마니
  뭐 그렁거이 편 들어주고 말고 헌다냐
  식구끼리
  얼척 없네

- 아들
  ???

병원에서 5

- 아들
  왜 일어나시오
  누워 있제 아직 날 샐라면 당당 멀었는디

- 어마니
  화장실 갈라고

- 아들
  뭔 화장실을 또 가
  금방 갔다 왔음시로

- 어마니
  소피 마려웅게 글제 어째야
  글먼 옷에다가 쌌그나

- 아들
  왜 승정[29]을 낵까

....
29) 상질.

- 어마니
  화장실 간 것도 구념했샀네

- 아들
  아니 구념[30]허는 게 아니라
  금방 갔응게 글제
  물을 너무 많이 마셨구만

- 어마니
  의사 선상님이 물을 많이 무그락 했어
  암긋도 몰른 것이 난리네

- 아들
  워매 언제 나는 못 들었는디

- 어마니
  너 없었을 때 그랬어

- 아들
  ???

....
30) 간섭.

헐 말이 없네

   일어나시오 갑시다 화장실

- 아들

   아니 소변도 나오도 안 허구만 사람 고생시키네이

- 어머니

   저리가있어

   니가 앞에 있응게 안 나오냐

- 아들

   아니 글다가 엎어져[31] 붓가니 글제

- 어머니

   옆에 잡을 거 꽉 잡고 있응게

   안 어퍼직 거잉게[32] 걱정 말고

   저리가있어

- 아들

....
31) 넘어져.
32) 안 넘어질 것인게.

알았소

이래저래 오늘도 병원에서는 두 모자지간에 실랑이를 하고 있었다

복

오늘도
어김없이 드륵 반가운 소리
얼른 일어나 출근 준비를 한다
항상 설렘과 그리움
맑은 공기
상쾌함
반가운 이들의 만남으로 하루가 시작되어간다

몸과 마음이 하나가 되는 일치감
느껴보는 만족감
항상 즐거움을 줄 수 있다
복을 받자
물질의 복
건강의 복
자녀들의 복
화목의 복
사랑의 복

북두칠성

국자 모양 별이 일곱 개
밤하늘
무수히 많은 별들의 무리
그 속에서 빛나는
북 - 두 - 칠 - 성-

저기에는
누가 살고 있을까
무엇이 있을까

옛날 옛적부터
바라다보았던 소년은
이제
육십 중반을 넘어선
인생 초로의 황혼길
오늘도
밤하늘
국자 모양 별이 일곱 개
북두칠성을 바라다보면서
꿈을 꾼다

분신의 향기

왜 지켜야 하냐면?
푸른 초원일 때 보존해야만
좋은 열매
시원한 그늘
좋은 오아시스가 있지
배고프지 않고
목마르지 않고
지치지 않고
힘이 들 때 쉬어가는 곳
마음이 사막화되면
아프고 죽을 만큼 힘이 든다
사막은 하루아침에 되는 것이 아니지
마음은 제어장치가 안 되는 것
먹지 않고 냄새만 맡아도 좋은 것처럼
항상 분신의 향기는 좋다

사위

우리 딸 아껴주고
사랑해주고
알콩달콩 소꿉장난 하듯
새살림 늘려가며
손주 손녀 데려와
제비처럼
지지배배
지지배배

잘한다고
최고라는 박수 소리에
애교 떠는 아이들

웃음소리
멈출 수 없어
행복치수
올려주는
우리 사위
최고

산수동 늑대

무서운 도적놈

숫놈

산수동 늑대는

그날 밤

어두컴컴한 농장 앞을 거닐고 있었다

누굴 잡을려고

병아리

중돗

영계

노계

산수동 늑대는

농장다리 풀밭에서

덫을 놓고 있었다

무서운 도적놈

숫놈

산수동 늑대

아직은

배움이 먼저인데

덩치로

그
큰 덩치로
배움이 파하자[33]마자
농장다리 풀밭에서
산수동 늑대는
오늘도 덫을 놓고 있었다

---

33) 끝나자.

설날 세배

워따 워따 세상에나
워따 워따 세상에나
할머니한테 세배했어

네

꼬맹이 한복
꼬맹이 족두리 머리
다소곳
유아원에서 배운 절 예법에 따라
이마에 손 포개어 얹고 큰절
다시 일어서서 배에 손을 모으고
고개 숙이는
꼬맹이 설날 세배
영상으로 재현되어
오래도록 웃음꽃

다섯 살 난 꼬맹이
여든여덟 할머니

여든세 살 터울

세대 간의 끄나풀

가족의 연결고리

훗날 꼬맹이는 어드메쯤에서

기억하겠지

워따 워따 세상에나

워따 워따 세상에나

할머니한테 세배했어

설렘 1

연두빛 싱그러운
봄의 향기가
코끝에 와서
엔돌핀이 가득히
그대 마음의 향기가 그윽했다
무엇과도 바꿀 수 없는
이 기쁨과 용솟음치는 희열
나의 마음속 깊숙이
분신의 향기로
가득한 은은함과 만족감

설렘 2

설렘이란
마음으로 느끼는 것
머리로 생각하기에 앞서
감각으로 아는 것
설렘
그 다음에 오는 행복
당신으로 인해
나는 행복할레라
거기에 있는
그 자리
설렘이 있어

소중한 선물

보고 있어도 그립다는 말
어느 때부터인지
약한 바람에도
흔들리는 들꽃처럼
자기의 자태를 자랑하며
어김없이 계절에 피어나
향기와 아름다움을 주지만
사랑의 대상은
이러한 자연의 속은 아니지만
갑자기 찾아온 요술쟁이
꿈도 같고 가상극도 같고
이런 마음이
요술쟁이가 아니기를
그리고
소중한 선물이
마법에서 풀려나지 않았음

시절인연 1

1004의 섬 신안
보라돌이 퍼플 섬
바람이 만들어 놓은 모래언덕
뮤지엄파크
끼룩끼룩
갈매기 떼
썰물 따라
바다 얼룩
소년 소녀들의 몸짓
자연이 베풀어주는
시절인연의 선물
이 시간이 지나면
또
언제
아쉬움을 남기는 여운
소년 소녀들의 몸짓
바다는
바다는
말이 없는데

시절인연 2

장미의 계절이 갔다
매년
똑같이 똑같은 시점에
도달하는 시절이지만
다른 느낌은 무엇일까
많은 시절인연들
회자정리
훗날 훗날에
그리움
회한

푸른 창공을 가르는 철재 덩어리 외침
갇혀있는 왕 노릇 짱닭의 위엄
만고강산 상팔자 호피개
마실 나가는 바깥어른 배웅하고
보행기 밀고 들어오는 안주인 마나님
처마 끝 알을 품고 있는 제비
성큼성큼 커가는 복숭아
음력 사월 스므여드레

사방이 잠시 정적이 깃들어진다
눈을 뜨면 아침이고
돌아서면 저녁이고
세월이 바쁜 건지
우리 마음이 급한 건지
머리에 새치는 늘어간다

시절인연 3

나는
위 세대와
아래 세대와의
연결 고리
어쩜
서로 만나지는 못했을지라도
연결고리를 통하여
위 세대와
아래 세대는
시절인연입니다

나는
내 위세대가 나였을 때
아래 세대로서
그 위 세대와의
연결 고리에 의한
우리는 시절인연입니다

우리는 시절인연으로

가족이
친척이
이웃 사촌이
지역 사회가
그리고
나라가
이어져갑니다

신 고려장(新 高麗葬) 1

알림이 울린다
"오늘도 살아있음 좋은 하루"
화면 속 웃음
댓글 속 위로
그러나 손은 닿지 않는다
밀려드는 소식 속에
서로를 잊고
버려진 기억들만
구름처럼 흘러간다
외로운 마음은 깊어가고
오늘도 우리는
스마트폰 속에서
조용히 시험하고 있다

신 고려장(新 高麗葬) 2

산마루에 노을이 지고
바람만이 이름을 부른다
세상은 돌아가고
사람은 떠나도
외로운 발자국만 남아
길 위에 긴 그림자를 드리운다

신 고려장(新 高麗葬) 3

산길 위
노인 혼자 걷는다
한세상 살아온 몸
산골 깊은 골짜기
홀로 가는 길
그 길 끝에는 이름 없는 돌 하나
땅 위에 남는 자들의 눈물 속에
묻혀가는 외로운 마음
나무는 아무 말 없다
바람만이 슬프게 흔들어 간다
젊은 날의 웃음과 꿈들이
아직 어렴풋
인간들의 잔혹함과
인간들의 슬픔으로

신 고려장(新 高麗葬) 4

노을 진 산길 위
낡은 발자국들이
시간을 따라 걸어간다
손을 잡아줄 이 없는
외로운 등 뒤로
세상의 무게가 쌓인다
"살아야 한다"
속삭이는 바람에도
귀를 닫고
우리가 버린 기억 속
마지막 숨은
길 끝 넘어 돌멩이처럼
어딘가에
아직 햇살이 기다리겠지

신 고려장(新 高麗葬) 5

산은 멀지 않았다
노인을 부축해 오르는 길 대신
지하철 계단을 내려간다
손목에 채운 알림표는
간병비로 깎인 시간표
종이컵 커피는
쓸쓸함에 타는 향(香)같다
한 칸짜리 요양병실
번호표 적힌 이름 대신
QR코드가 새겨져 있다
문 앞에서 돌아서는 아이
주머니 속에 스마트폰을 쥔 채
알림음이 울리면
잠시 흔들리는 눈빛

산은 멀지 않았다
예전에도
지금도
사랑과 짐의 무게는 변하지 않았다

신 고려장(新 高麗葬) 6

"고맙다"는 인사 대신
"괜찮다"는 웃음으로
당신을 떠나보내는
우리는
기억을 잃어가는 세상에
조금 더 익숙해질 뿐
사랑이란 이름으로
이해되어가는 전통은
여전히 진행형
산길 대신
요양원 길 위에서
누군가
기다리는 흐릿한 눈동자
그것이
곧
우리들 모습인데

신 고려장(新 高麗葬) 7

깊은 산 그림자에 묻힌 마을
바람은 여전히 옛노래를 읊는다
나무 지팡이 하나 짚고
노인은 홀로 길을 떠난다

마지막 인사를
꺼내지도 못한 채
체념이 배인 그 발걸음
하늘은 푸르러도
꽃잎은 흩날려도
손은 비었다
나무 지팡이 하나뿐

우리는 어디로 가는가?
누가 누구를 남겨두는가?

신 고려장(新 高麗葬) 8

가을 산길을 오르다보면
발밑으로 바스락거리는 낙엽소리
쓸쓸함이 묻어나고
먼 옛날
호랑이 담배 피우던 시절
늙은 부모를 지게에 지고
산으로 올랐던
아들의 발걸음
포근한 아들의 등 뒤에서
솔가지 한 움큼씩 한 움큼씩
돌아가는 길 아들 길잡이 표식으로
떨어 놓았던
부모의 마음

화려한 간판 요양 병원
소음을 삼킨 듯 고요한 요양원
지게를 지고 산으로 갔던 그 일들이
자동차로 병원 문 앞에서
요양원 문 앞에서

내려드린다

"이게 더 나은 선택이야"
스스로를 위로 하지만
마음 한편이 시리다
아프다

신 고려장(新 高麗葬) 9

전에 전에는
자식이 부모를 업고
산에 버렸다지
지금은
노인은 손에 쥔 스마트폰 하나로
천천히 세상에서 사라져간다
"편히 쉬세요"
라는 말 뒤에 문이 닫힌다
산길은 없는데
모두가 산에 오르는 얼굴들
그러나
노인의 눈동자 속
작은 불씨는 꺼지지 않는다
버려지지 않으려는 마음은
아직은 산보다 높았다

신 고려장(新 高麗葬) 10

산길 끝
고요한 적막 속에
드론이 노인을 내려놓는다
달려 나오는
가운 입은 초 현대시설 요양원 관계자
휴대폰 GPS가 노인의 맥박을
실시간 전송하고
나무는 QR코드를 달고
바람은 전기차의 열기를 품는다
하늘 위 위성은
노인의 마지막 눈빛을 기록하지만
누구도
그 영상을 끝까지 보지 않는다
곧
우리들 모습인데 말이다

십육 척

있는 척
잘난 척
없는 척
착한 척
아는 척
아닌 척
싫은 척
죽은 척
모른 척
숙인 척
예쁜 척
엄지 척
잊은 척
주인 척
미운 척
손님 척

안경 너머 세상

보다 더 좋은 세상을 갖기 위해
저렇게들
저렇게들 야단인데
세상은 또
이렇게
이렇게 외면해가고
가끔씩
가끔씩
타이밍 맞춘 적시타 한 방이
백성풀들의 혼을 빼놓는다

안경 너머 세상이라 할지
다같은 세상인데
하나는 엎어지고
하나는 홧병인데
백성들의 시선은
어디다
그 어디다 초점 맞추리

슬프다

안경 너머 세상이라 할지

다 같은 세상인데

눈섶을 보지 못함이

몹시 춥구나

약

- 어마니
  먼 넘의 약이 이렇게도 많다냐

- 아들
  머시 많해
  의사 선생님이 나 스라고 지어준 건디
  어째서 괜헌 타령을 헉까이

- 어마니
  약도 많이 질 거 없어야
  하루 무거보고 안 나스면 또 지어야제
  하도 많은 게 어떤 거이 어떤 거인지를 알아야제

- 아들
  워매
  인자 의산갑네이
  의사 선생님이 다 알아서 맞게끔
  약을 지어주제 뺄급시 지어주것어
  글먼 뭘라고 병원에는 댕길까

- 어마니
  아픈게 댕기제 어째야

- 아들
  워매
  그넘의 어거지 소리는 여전허당게
  얼릉 약이나 드시오
  그래야 병원에 안 댕기제
  성가시게 허지 말고
  아프먼 누가 성가식까

- 어마니
  누가 성가세
  내가 성가시제
  아픈 내가 성가시제
  말도 방구도 아닌 소리 허고 있네

- 아들
  긍게 얼릉 약이나 드시라고
  그래야 나서각고
  병원에도 안 댕기고
  약도 안 묵제

- 어마니
  긍게 약이 많응게 글제
  묵어보고 나스면 지어 죽거이제 마녕
  약도 하다 많응게 글제

- 아들
  어허
  참말로 환장 된장 허것네이
  알았어 알았어
  담에 의사 선생님헌티 그렇게 말혁게

오늘도 어마니 약은 보새기 물 한 모금에 주름진 목덜미 움찟거리며 넘어가고 있었다

여름

비가 내리고 있다

대인동
열두셋 정도 소녀가
맹인 아버지의 기타 반주에 맞춰
노래를 부르며
오가는 행인들의 동정을 구한다

어디서나 흔히 볼 수 있는 모습
둘러싸고 있는 사람들을
빤히 쳐다보며 노래 부르는 표정 없는 아이 얼굴
같은 또래인데도
한 아이는 동정을 구하고
한 아이는 동정을 베푸는
묘한 대조가 날 아프게 했다

하늘을 보았다
스스로 불행하다고 생각했던
자신이 부끄러워진다

욕심 탓이리라

하늘의 노여움이 아직 가시지 않았음인지
비는 멈추지 않았다
여름이 아름다운 건 비가 있기 때문이라던데

여름맞이

보이지 않아도 볼 수 있는 것이
사랑이라 했다
까치 한 마리 날아와 우는 아침
환하게 밝아오는
향기로운 아침
더디게 더디게 왔던 사람들이
금세금세 가는 길
늙음이 익어간다는 거겠지
더 열심히 사랑할 것을
흔들리지 않고 피는 꽃이 어디 있으랴
푸르름을 들이마시며
터지는 여름을 향해간다

여행

사랑하는 사람 손을 잡고
버킷여행 떠나고 싶다
나이 들면
여행은 힘든 여정이다
오늘이
생에 가장 젊은 날
오늘은 시작이니까
여행은 생활의 활력소
샘에서 물 솟아오르듯
연애하는 기분으로
내가
사랑하는 사람 손잡고
여행을 떠나보자
버킷여행을

열망

하얗게 내리는 눈송이
땅에 닿자마자 녹아버린다
슬픈 생각이 든다
요술쟁이 같다
햇빛은
눈을 녹일 수 있는데
사람을
움직일 수 있는 건 마음

오목샘거리

음력 섣달 스무이레
대인동 버스터미널
유치 장흥발 막차
버스 시동 소리가 요란스럽다

하늘은
진눈깨비가 한참 흐트러지더니
온통 먹구름
주위는 서서히 어둠이 밀려왔다

출발시간을 넘긴
막차 장흥여객
버스에 탔던 사람들이
웅성거리기 시작하자
구렛나루 늙은 운전사는
시동을 걸었다
버스는 서서히 움직이고
덜커덩 꽥꽥소리를 지르며
목적지를 향하여

대인동 버스터미널을 빠져나왔다

어둠은 점점 밀려왔다
대인동을 빠져나온 버스는
백운동 버스 정류장에서
막차를 기다렸던 종종거림 몇 사람을 태우고
달리기 시작했다
도회지 가로등 불빛이 점점 사라지고
김 서린 유리창엔
자신들 얼굴이 투영되고
자리에 앉은 사람들
옷소매 끝에서 사라졌다
다시 나타나고 있었다

광주 인근 소농촌 면도회지
남평 정류장에서
한 보따리 이고 지는 아낙들이 내리고
매일매일 통학 학생들이
우루루
차장 아가씨 배웅 속에
어두운 골목길 사이사이로 사라져갔다

통로까지 가득 차있던 사람들이
마포바지 바람 빠지듯
빠져나가고
빈자리 따스함이 채 가시기도 전에
덜커덩 덜커덩
막차 버스는 달리기 시작했다

눈발은 사나워지고
어둠은 도로를 삼켰다
라이트 불빛으로 방향을 잡고
덜커덩 덜커덩 비포장 자갈길
막차버스는
세지면에 들어섰다
지동마을 오목샘거리 커브길을 돌다
막차버스는 덜커덩 숨을 멎었다
타이어가 펑크가 났다
별로 놀라지 않는 표정들
비포장 도로의 수난
하루에 한두번은 일어나는 일
"꼭 오목샘거리 커브길에 근다니까 유치재도 무던허지마는"
"아 언제나 포장이 될까이 손님들 죄송합니다 잠시만 기댈리시오 금방 고칠랑게"

못마땅한 운전수의 푸념
장갑을 끼고 작키를 찾아 펑크 난 바퀴를 고친다
차장아가씨는 후레쉬를 비추고

음력 섣달 스므이레
까마귀 눈물
오목샘에는
눈발이 녹아내리고 있었다

오혈봉

붉은 해가 깃든 산마루
세월의 피멍 같은 전설이 잠들고
나의 유년시절 국민학교
단골 소풍 장소
봉우리 다섯을 어우러
다섯 개의 혈을 품고
정상 높이 132m

한 발 한 발 오르는 길 위에
옛사람들의 숨결이 서려
나무마다 돌마다
이야기가 피어난다
가장 높은 봉우리에 서면
멀리 목포 앞바다 넘실대는
푸른 바닷물이
금세 밀려올 듯 보이고
발이라도 동동거리면
둥둥 울림소리가 났다
속에는 무엇이 들어있을까

둥둥 울림소리는
지하동굴이라도
오십여 년이 지난 지금
한 편의 의문을 지고
나는 오늘도 들판에서
오혈봉을 바라다보았다

오수(午睡)

우리 인생이
한낮의
오수와 같다더니
순간에
꿈도 펼치니
아롱이
다롱이
청춘은 황혼열차 내일에
마냥 달리고 달리네
화들짝 깨어보니
아직도
그 시간이구나
여름날의
낮잠
오수(午睡)

용궁제

새방죽이라는 것이
용궁제라는 것을
한참 후에 알았다

물속에
집이 있을까
용왕이 산다는
어릴 적 전설이
주저리주저리 열렸다

용궁제
물속에 집이 있을까
용왕이 산다는

커다란 자라 한 마리
등거리에 따가운 햇빛을 안고
자맥질을 하고 있다

새방죽이라는 것이

용궁제라는 것을
한참 후에 알았다

용설란

삼십 년 길고 긴 세월 속에
땅 위에 뿌리를 내리고
이제
두 달 남짓 시한부 생을 살아가는
용설란이여

일찍이 교만하지 않고 자만하지 않고
그 흔한 잔한 아름다움도 없이
크나큰 키로
화사한 수천의 꽃망울을 터뜨렸구나
자연의 순리에
억척스럽게도 이어왔구나
용설란이여

너 이제 가면
영영 다시는 오지 않을 길
남겨진 씨앗은
또 30년이란
기나긴 세월을 가야
네 모습 볼 수 있으련

유월이면

아무자태 두지 않고
초연히 떠나갔다
어설펐던 생에 회의와
갈등 속에서

마음을 옭아매어버린
시큰한 목줄을 외면한 채
후줄근한 땀방울을 의식한 채
목 타는 갈증을 풀어야 했다

어느 날
홀연히
아무 자태 없는 중생의 떠남이었다

六月이면
시원한 인풍(人風)이 불어온단다
六月이면
생각나는 사람의 정(情)이 옮아온단다

세속에 고운 만남도
윤회(輪廻)의 테 속에 잠들고 있다

이별

이승과의 이별은 큰 슬픔이다
한 집안의 큰 대들보였으며
큰 우산으로 가족의 구심점
이승과의 이별
머나먼 저승길
매일 아침저녁
동네 한 바퀴
철학자 칸트의 시계
이승과의 이별은 큰 슬픔이다
금방이라도
대문 칸에 지팡이 짚고
들어오는 모습이 어른거린다
그 빈자리가 너무 크다
장미의 계절
싱그런 초록잎새 향연 속에
이승과의 이별은 큰 슬픔이다

인불암에서

여보게나 친구
자넨 무엇이 그리워
이 산속에 가부좌를 틀고
해 저녁 노을 올려다보고 있나

머리맡엔 무거운
인불암에 산 바위 내려앉고
가다가 오다가
마주친 속세에 인연
연꽃 한 송이 공양에
번뇌의 서러움이
옷자락을 스치네 그려

여보게나 친구
맑은 물이 아니라도 좋다네
목마름에 헛기침하는
중생의 가엾은
소망일랑 저버리지 말게나

인적이라고는
단 몇
사방 천 리 적막이 찾아오면
우리네 이야기는
고이고이 간직했다가
훗날 훗날에 다시 찾아오면
연꽃 같은 마음으로 노래해주게나

여보게나 친구
자네의 무겁고 오금저린
가부좌를 펴던 날
저녁예불의 천지는
희망으로 달려오리니

자식 노릇

부모가 편안할 때는
자식들도 편안하다

부모가 행복할 때는
자식들도 행복하다

부모가 아프면
자식들은 성가시다 한다

자식들도 때가 되면
부모의 뒤를 따를 거인데

긴병에는 효자 없다고
누가 말했는가
자식 노릇하기 참 힘들다

누구나
나이가 들면
같아질 거인데

자식 노릇 하기 힘들다 한다
시간이 지나면
이 시간도 그리워질 건데

잡초 1

잡초는 왜 그리 잘도 자라는지
비료도 주지 않아도
농약도 치지 않아도
퇴비를 주지 않아도
그렇게 괄시를 해도
그렇게 무시를 해도
그렇게 짓밟아버려도
오뚜기처럼
오뚜기처럼
잘도 일어서
잘도 자란다
잡초는 왜 그리 잘도 자라는지
고추 지키는 허세비가 우습다

잡초 2

잡초는
눈성큼 자랐다
바람을 막았다
햇빛을 막았다
잡초는 질긴 생명력
비료를 주지 않아도
농약을 치지 않아도
잘도 잘도 자란다

지게와 바작

사람이 등에 짐을 지고 운반용
지게
바작
지게 등받이와 멜빵은
짚으로 만들어 사용했는데
요새 짚들은 벼 탈곡하기가 바쁘게
하얀 타조알 덩어리
소 먹잇감으로 싹싹 훑어가버리고
바작은 대나무로 엮어서 만들었는데
지금은 만드는 일손도
기술이 없어져 버렸다
시골 어느 헛청 구석에
거미줄 뒹구는 벽에 기대어
저 옛날 전성기를
생각이나 하고 있지 않는 듯
지게와 바작

청진기

- 어마니
  아이
  어째 오목가슴이 슬슬 아프다냐

- 아들
  아니 밥 잘 잡수고 그랬는디
  어째서 극까

- 어마니
  몰것다
  어째서 살살 아플락 헌다

- 아들
  어디 청진기 한번 대봐야것구만

- 어마니
  워매 니가 의사 선상님이냐

- 아들

참나
나도 반거치는 되아

아들은 청진기를 가지고 와서
양 귀에 걸고 어머니 윗옷을 들치고
어머니 배딱지에다 청진기를 대고
이리 또작 저리 또작
오른손 바닥으로
어머니 배딱지를 둥근 원을 그리며
쓰다듬는다

- 아들
  암긋도 아니구만
  쬐가 엉친거이 슝 내려가구만

- 어머니
  워매
  진짜 괜찮허네 아플락 헝거이
  어디로 가부렀다
  진짜 반거치 헝갑네

- 아들

궁게 의사 학교 보내 주제마는
　공부도 못 허게 일만 시케[34] 묵었소

- 어마니
　???

----
34) 시켜.

촛불

모든 것이 휴식을 찾는 이 밤
까만 밤을 홀로 지키는
외로운 등대마냥
나는
외로움을 지키려
어둠 속에 끼어
촛불을 밝혔다

잊어버린 언어를 찾으려
비어버린 마음을 채우려
몸부림치던 내게
어둠을 사르는
저 촛불은
많은 의미이고 희망이다

어둠 속에 태어나 빛을 주고
꺼져가는
너의 작은 몸을 불살라
외로운 밤을 밝힌다
나의 빈 가슴 가득히

추억

좀 더 나이가 들고
외출이 여의치 않게 되면
추억은 더 큰 의미가 된다

건강할 때
열심히 행복해야 할 일
과거로의 귀환
소중한 기록
사람은 과거에 얽매이지 않아야 하지만
추억을 그리는 것이 아름다움이라
세월이 흐르면

치매 1

현대 의학으로 규명할 수 없는
이 세상에서 가장 슬픈 병
기억을 잃어버린다는 것
늘 알고 지내왔던
늘 만났던 사람들을
한순간 잊어버리고
알아볼 수 없을 때
이 세상에서 가장 슬픈 병

머릿속에는 자리하고 있었지
두 눈만 꿈벅꿈벅
이제는 귀까지 멀었다
이렇게
세월은
한 사람을 가장 슬픈 모습으로
변화시켰다
치매
기억을 잃어버린 것
이 세상 가장 슬픈 병이다

치매 2

아바니께서 가시기 전까지는
어마니는 말끝마다
느그 아버지
느그 아버지 어디 가서 안 온다냐
어디 갔는디
해 넘어가구만
느그 아버지란 말을 입에 달고 살았다
그러나
아바니께서 가시고 난 후로
어느 때부턴가
느그 아버지라는 단어는
어마니 입에서 더 이상
나오지 않았다
영산포 간다고 나서더만
여태껏 안 온 것이
뭔 일 났었그나
잡어 갔윽그나
행여
영산포 쪽으로 가지 마라 와

하고

당부 아닌 당부를 했다

치매 3

- 아들
  어마니 점심 드셔야제

- 어마니
  뭔 밥 아까 먹었잖아

- 아들
  언제 먹어 그것은 아침밥이제

- 어마니
  아침밥이라고?

- 아들
  글제
  아까 먹은 것은 아침밥이여
  인자 점심 땐게
  점심 먹자고

- 어마니

그래 글면 밥 차려줘

- 아들
  워매 착허네 우리 어마니

- 어마니
  뭔 그렁거이 착허고 말고 헌다냐
  배 고풍게 밥 먹는 것이

- 아들
  맞네 맞어
  배 고풍게 밥 묵제
  맛나게 차려줄게 맛나게 먹으시오

- 어마니
  말도 방구도 아닌 소리 허고 있네
  머시 맛나고 어쩌고저쩌고헌다냐

- 아들
  ???

치매 4

- 아들
  아니 아직 컴컴허구만
  머던디[35] 일어날라고 혁가이
  더 좀 자제마는

- 어마니
  날이 훤히 안 샜냐
  대문을 열어 놓아야제
  날이 훤히 샜는디
  대문도 안 열어놓고 있으면
  남들이 욕해
  게을뱅이다고

- 아들
  뭔 그렁 거를 욕허고 근다요
  날 샐라면[36] 당도[37] 몰랐구만

....
35) 뭐하려.
36) 밝아올라면.
37) 아직도.

어째서 극가이

- 어마니
 바깥에가 안 훤허냐

- 아들
 워매 아직 새벽4시여
 훤헌 것은
 바깥에 가로등 땜시 글고
 워매
 저놈의 가로등을 꺼분다는 것을
 어저게 깜박해부렀구만
 어마니 쬐금만³⁸⁾ 더 자시오
 나도 피곤해서 죽것구만

- 어마니
 가로등 불빛이다고?

- 아들
 그래

....
38) 조금만.

날샐라믄 아직 멀었어

- 어마니
　　글먼 더 자라고?

- 아들
　　그래
　　워매 피곤해 죽것당게 되어서 죽것어

- 어마니
　　워매 그까짓거 뭔일을 쬐간 했다고
　　피곤허네 어찌네 난리네 난리여
　　옛날에 내 고생헝 거에 비하면
　　암긋도 아니구만

- 아들
　　알았웅게 얼릉 더 자

아들은 어마니를 살살 달래어 토닥토닥
새벽잠을 더 청했다

치매 5

- 아들
  어마니 왜 옷바구니 뒤적거리고 난리여
  딱 정리정돈해놨는디

- 어마니
  찾을 것이 있웅게 글제
  뿌담시[39] 글것냐

- 아들
  내가 찾아줄게 말해
  머슬 찾은디

- 어마니
  놔둬
  내가 찾아야제 너는 몰라
  암긋도[40] 몰릉 것이[41] 난리네

....
39) 일부러.
40) 아무것도.
41) 모르는 것이.

- 아들

　머시난리여

　빤듯허게[42] 해놓응 것

　헝클어분게[43] 글제

- 어마니

　머슬 헝클어야 다시 그대로 해놨구만

　아니 여그다 뒀는디 어디가븟다냐

- 아들

　뭣인디

- 어마니

　있어 그렁 거

어마니는 아들의 대꾸를 무시허고 옷바구니를

이리 또작 저리 또작

무엇을 찾을려고 그러는 걸까?

....
42)　가지런하게.
43)　뒤엉켜놓다.

치매 6

- 어마니
  허허허 ㅎㅎㅎ

- 아들
  왜 웃으시요
  뭔 좋은 생각 났는갑네

- 어마니
  전에 젊었을 때 나주로 많이 댕겼어야

- 아들
  뭔 밑도 끝도 없이 나주로 댕겼다고

- 어마니
  복지관에 댄스 배우러 댕겼어
  근디 울 동네서 나 혼자밖에 안 갔어
  다른 사람들은 내동 간다고 해놓고
  일하러 간다고 안 가불더라
  그래서 나 혼자 댕겼는디

재미도 있어야 운동도 되고

- 아들
　　워매 그렁 것도 있었는갑네이

- 어마니
　　댄스선생님이 손잡을 사람 허면
　　내가 젤로 먼저 얼릉 나가서 배우고 그랬당게
　　그때는 쬐가 췄는디
　　지금은 다 잊어붓다

- 아들
　　근디 왜 그렇게 웃었으까
　　박장대소하면서

- 어마니
　　한번은 음악이 끝났는디
　　어떤 사람이 나헌티 와서
　　손 한번 잡아주실래요 하더라
　　그래서 그냥 팩 뿌리치고 들어온 것이 생각나서
　　겁나게 무안했것지야

- 아들
 　워매 인기가 있었는갑네
 　글제 글먼 무안했제 안 했것소

- 어머니
 　그 생각이 나서 웃었다
 　허허허 호호호

- 아들
 　워매 그렇고도 재미있겼는갑네

- 어머니
 　얼마나 무안했것냐이
 　손 한번 잡아죽 거인디 그랬어야

- 아들
 　그래도 그렁 거이 생각난갑네이

- 어머니
 　그때는 농협주부대학에서
 　행사들을 많이 했어야

- 아들
  지금도 농협에 뭐 주부대학인가 있습디다

- 어머니
  그럴 거이다
  선배님 모임도 다니고 그랬는디
  그때가 좋았어야
  몸은 고됐어도

어머니는 물기 있는 마당에 우루루 날아왔다가 날개파닥거리다가
또 우루루 날아가는 참새 떼를 유리창 너머로 물끄러미 바라다보고 있었다
무슨 생각을 하고 있을까?

치매 7

- 어머니
  영산포 간다고 아침 일찍 나서드만
  왜 오도가도 안 헌다냐

- 아들
  누가 오도가도 안 헌다고

- 어머니
  영산포 갔다 온다고

- 아들
  누가 영산포 갔다 온다고

- 어머니
  ???

- 아들(혼잣말로)
  워매 인자 느그 아버지란 말도 잊어부렀는갑네

- 어마니
  머슬 혼자 중얼거리냐

- 아들
  암긋도 아니여
  가데이상이(아바니) 영산포 갔다 온다고 했다고?

- 어마니
  허허허(호탕하게 웃음)

- 아들
  영산포 갔다 옥까 차 타고

- 어마니
  더운디 머더러 가야
  집에 그냥 있제
  글고 영산포 쪽으로 가지마라 한사코
  잡혀갔윽그나

- 아들
  머시 잡혀가 잡혀가기는
  뱉 오감자 같은 소리허고 있네이

- 어마니
  한사코 영산포 쪽으로는
  가지 마라 와

- 아들
  알았어 알아

어마니 머릿속에는 무슨 생각이 들어있을까
느그 아버지란 말을 품고 살았는데
어느 순간 느그 아버지란 말이 어마니 입에서는
나오지 않았다

치매 8

- 아들
  머슬랑 그렇게 뚫어지게
  처다보고 있을까
  식사허시라니까
  배랑박⁴⁴⁾ 뚫어져 불것네

- 어마니
  일천구백구십이년
  사월 이십팔일
  대한노인회

- 아들
  워매 글씨가 보이요
  글고 한문으로 싸졌구만
  한문도 읽어부네이

- 어마니

....
44) 벽.

내가 상 받은 거여

- 아들
　　어머니가 머뎄간디 노인회서
　　상을 줬으까?

- 어머니
　　다 잘헌다고 상장 받었제
　　알도 못헝 것이 난리네
　　한문으로 써졌다고 저렁 것도 못 읽은다냐

- 아들
　　아니 나도 잘 못 읽으것는디
　　ㅎㅎㅎ

- 어머니
　　시방 나를 놀리냐
　　다 잘 헌다고 상 줬어
　　동네서 상 받은 거 나밖에 없어야

- 아들
　　장허네 우리 어마니

글먼 상품은 뭐 받었는디

- 어마니
　그때 큼지막헌 상자 같은 걸로 줘서
　받었는디
　몰르것다

- 아들
　왔다 장허요 우리 어마니
　근디 머슬 잘했윽까
　할머니한테 잘했윽까

- 어마니
　느그 할머니 정갈스런 양반 아니냐
　내가 잘했제

- 아들
　머슬 잘했윽까
　내가 본게 잘헝 것이 없는 것 같은디

- 어마니
　니가 아냐

너는 타지로 가서
　핵교 댕겠는시로
　알도 모릉 것이 난리네

- 아들
　머슬 몰라
　톨만 되면 일시킬라고 불러 젰겠늠시로

- 어마니
　할머니한테 물어봐라

- 아들
　어따 물어봐
　할머니 돌아가신지가 언젠디

- 어마니
　저기 안 계시냐

(어마니는 방 울목배랑박에 붙어있는 할아버지 할머니 사진을 가리켰다)

- 아들

대치나 쩌기 계시구만
　　내가 낼 어머니 없을 때
　　가만히 물어봐야것구만

- 어마니
　　할머니가 니 편 안 들어죽 거인디야

- 아들
　　워매
　　할머니는
　　나밖에 몰랐는디
　　큰 손자라고

- 어마니
　　물어봐라 글먼
　　잘했웅게
　　나라에서 상을 줬제
　　잘못햇으면 상을 줬것냐
　　다 보는 눈들이 있는디

- 아들
　　맞네 맞어

그냥 안 물어복게
울 어마니가 잘했응게 상 줬제

치매 9

- 아들
  논에 얼릉 갔다오께
  그냥 주무시고 있어

- 어마니
  어디 갔다고 온다고?

- 아들
  논에 물대러
  논바닥이 쩍쩍 갈라졌어 가물어서

- 어마니
  논에 갔다가 온다고?

- 아들
  어 긍게 바깥에 나오지 말라고
  금방 갔다가 올 것잉게
  새끼손가락 걸어
  자 약속해

- 어마니
  그렁 거 해 봤자 머던다냐
  내 맘인디 허나마나헌 짓거리 허고 있네

- 아들
  그래도 해
  약속을 지킨가 안 지킨가 볼라고 글제

- 어마니
  너 안 볼 때 얼릉 나갔다 오면 알간디

- 아들
  다 아는 수가 있어
  내가 손바닥 한번 돌려보면
  사진이 찍혀분디

- 어마니
  말도 아닌 소리 허고 있네
  안 나갈 텐게 얼릉 갔다가 와

- 아들
  약속했어 이

- 어마니

　알았어

치매 10

- 어마니
  마당에 먼 물이 많이도 있다냐
  비가 왔으그나

- 아들
  먼 비가 와
  날 더운게 물 뿌레놨구만

- 어마니
  그래야
  비가 오면 햇빛이 없었을 거인디
  햇빛이 쨍쨍헌디
  마당에 물이 홍건히 있다 했다

- 아들
  인자 워매
  비도 온 것도 이것도 저것도 아닌갑네이

- 어마니

저 챔새 새끼들 좋은 일 시킨다
  마당물에 푸닥 푸다닥 목용헝 거봐야

- 아들
  날이 더운게 글제
  새들도 물이 있어야제

- 어머니
  비가 왔으그나
  마당에 먼 물이 홍건허니 있다냐

오늘도 어머니는 한 말을 또 하고 또 하고 되풀이하고 있었다
나이 따라서 시간 따라서 차츰차츰 뇌세포가 죽어가는 것일까
인지능력
그래도 이렇게 옆에 있어 참견하고 말동무하니
이승에서의 어머니 자식의 인연이
오늘도 감사합니다

치매 11

- 어머니
  아이
  왜 햇빛도 쨍쨍난디
  매미 울음소리도 안 들린다

- 아들
  워매 매미 울음소리도 아는갑네

- 어머니
  뭔 소리 헌다냐
  여태껏 살았는디
  매미 울음소리도 몰른다냐
  아니 나를 바부 멍충이로 안갑네이

- 아들
  하하 아니 그것이 아니고
  아직 때가 안 되었는디
  매미 울음소리 헝게 그랬제
  더 더워야 매미 새끼들이 울제

- 어마니
  아니 이만큼 더웠으면 말제
  얼마나 더웁다냐

- 아들
  다 때가 되면 울것지라
  즈그들도 다 여스고[45] 있을 거인디

- 어마니
  그럴그나 즈그들도 다 여스고 있것지야
  사람들 맹키로

- 아들
  글제라
  참 어마니도 하루이틀 살았소

- 어마니
  맞다 맞어
  오늘은 내가 졌다 졌어

....
45) 엿보고.

치매 12

바람에

흩날리는 낙엽처럼

조각조각 사라지는 기억들

어제의 이름

오늘의 얼굴들

서서히 멀어져가는

시간 속에

손 내밀어 잡으려 해도

모래처럼 빠져나가는 기억의 모서리 저편들

깊은 어둠 속

희미한 불빛처럼

조용히 나오는 나의 이야기

여전히 숨 쉬는

작은 희망이

당신과 나를 이어주는 실타래

그래도 여전히 사랑은 남아

오늘도 그대들 곁에 머물고 있다

치매 13

날씨도 더운데
어머니는 긴 옷만 고집한다
춥다고 한다
목욕치가 와서
개운하니 목욕을 하고
원피스를 입자고 해도
바지만 고집한다
그 옛날 할머니는 치마만 입었는데
어머니는 정반다다
저 너머 유년의 시절
툇마루에 앉아서 여름날
어머니 다듬질 방방이 소리
할머니는 맷돌로 콩물 갈아
시원한 콩물 한사발
너도 나도
푸르디푸른 잎사귀에 숨어서 우는 매미
오케스트라 여름날 기억
날씨는 더운데
어머니는 긴 옷만 고집을 한다
춥다고

치매 14

창밖 햇살이 부서져도
노인은 그 빛을 잡지 못한다
이름 얼굴 날짜
손가락 사이로 스며 흘러가지만
머리에서는 작동치 않는다
지금은 먼 바람 속 속삭임
하지만
가끔은
낯익은 길모퉁이
익숙한 웃음이 다가온다
작은 손길
따뜻한 말
그것이 남아있는
노인의 최소한 등불이이다

치매 15

오늘아침
노인의 이름이
바람에 흩어져
손가락 사이로 빠져 나갔다
낯선 얼굴 속에서
익숙한 웃음을 찾고
익숙한 방안에서
잃어버린 기억을 찾는다
기억은 바다처럼 넓고
파도처럼 몰아치지만
노인은
그 안에서
조용히 숨 쉬며 살아간다

치매 16

이름과

얼굴이

춤추듯 흩어지고

오늘과 어제가 뒤엉킨다

노인은

길을 잃었지만

바람 속에

남은 향기

손끝에 스친 미소

그것으로도

노인은

조금은 살아있다는 것

치매 17

사진 속 웃음이
노인을 부른다
노인은 누군지 몰라 고개를 돌린다
노인은 길을 잃었지만
꽃향기 노래는
멀리서 다가와
아련한 기억의 문을 두드린다

치매 18

노을빛에 물든 길
손잡던 온기 사라진 거리
돌 하나
흙 한 움큼에 기억을 부른다

왜
기억이 안 날까?
뭐 때문에 그럴까?

점점 희미해져버린
가까운 시간들이
먼 시간에 자리를 빼앗긴
치매
이 세상에서 가장 슬픈 이야기

치매 19

과거는
기억 속에 있는
그냥
지나가는 일

현재는
기억 속에 채우려는
그냥
있는 일

치매 20

- 어마니
  아니 두짜야 느그 성
  어디 갔는디 안 보인다냐

- 둘째아들
  아까 성이 내동
  회의하러 간다고 안 헙디여

- 어마니
  회의허러 갔다고?

- 둘째아들
  야
  어마니 볼딱지[46]에다 입도 맞추던디
  기억도 안 난갑네이

- 어마니

....
46) 볼.

아까 살팍에 나간 차가 기었윽까?

- 둘째아들
 차 창문까지 열고 나오지 마락까지 허드만 성이

- 어마니
 근디 회의허러 간담시
 차가 우짝[47]으로 가던디
 회의허러 갈라면 동창으로 왼짝[48]으로 가야 헌디

- 둘째아들
 와따매 세밀허게도 봤능갑네

- 어마니
 아이 두짜야
 느그성 지 볼일 보러 갔윽그나
 회의허러 간담시로

- 둘째아들

....
47) 오른쪽.
48) 왼쪽.

뭐이 그랬을랍디여
성아는 그짓말 안 헌 사람인디

- 어마니
근디 회의허러 간담시로 왜 우짝으로 간다냐
왼짝으로 가야제

- 둘째아들
워매 성이 감시로 상장도 받아옥게 글드만

- 어마니
그래야
먼 상장을 받어온다고야

- 둘째아들
몰르제 회의험시로
상장 준갑제

- 어마니
아니여
지 볼일 보러 갔어
회의허러 갈라먼 왼짝으로 가여 헌디

- 둘째아들

　글먼 내가 성한티 영상으로 전화해복게

　왜 그짓말허냐

　회의허러 갈라면 왼짝으로 가야제

　왜 오른짝으로 갔냐 허고 해봐

　자

　내가 증인 서죽게

(동생은 휴대폰으로 영상 통화를 걸어왔다)

- 아들

　여보세요

- 둘째아들

　어마니 여그봐바 성 나왔네 어마니 장남

　"여보세요 해봐"

　"회의허러 간담시로[49] 왜 오른짝으로 갔냐 허고"

- 어마니

　여보시오(가는 목소리)

....
49) 간다면서.

회의허러 간담시로 왜 오른짝으로 갔냐

- 아들
　왜 그새 보고 싶어서
　머시 궁금해서 아까 나올 때 말 안 헙디여
　회의허러 간다고

- 둘째아들
　어마니 말해봐
　"근디 왜 동창으로 안 가고 오른짝으로 갔냐 허고"

- 어마니
　근디 회의허러 간담시로 왜 동창으로 안 가고
　오른짝으로 갔냐

- 아들
　워매 언제 봤으까
　어
　동창 쪽에 도로가 공사 중이어서
　새방죽 쪽으로 돌아가니라고
　우짝으로 갔제

- 둘째아들

　어마니

　"그것이 참말이냐 허고 말해"

　"상 받어각고 오니라 허고"

　ㅋㅋ

- 어마니

　그것이 참말이냐

　상 잘 받어각고 오니라

- 아들

　야

　둘째랑 잘 놀고 있으시오

- 어마니

　두짜 이눔시키가 나를 놀린다

　ㅎㅎ

　조심해서 갔다가 와

카톡

카톡
"뭐 해"
카톡
"그냥 있어"
카톡
"밥은 먹었어"
카톡
"대충 때웠어"

손바닥만 한 작은 창 속에서
짧은 문장이 오간다
카톡
가볍게 울려퍼지는 소리
문장 끝마다 붙이는
하트 하나
침묵의 틈을 메우는 부호
이렇게
오늘도
너와 나의 하루가 이어간다

카리스마

대중을 따르게 하는 인간적 재능
많은 사람을 심복하게 하는 능력이나 자질
절대적 믿음에 근거하여
맺어지는 지배적 관계
말 한마디에
바람이 방향을 바꾼다
따스한 온기를 숨기고
포구처럼 강렬하되
꽃처럼 섬세하다
카리스마
태어나는 것이 아니라
삶이 꿰맨 시간 속에서
자연스레 흐르는 향기
자연스레 오는 게 아닐까?

타이레놀

머릿속이
지근거린다
작은 알 하나
숨죽인 평화를 몰래 가져다준다
몸속 구석구석
스며들고
아픔의 파도가 가라앉는다

택배

문 앞에 놓인 작은 상자

바람 따라 먼 길을 왔네

기대와 설렘을 담은 포장 속

누군가의 하루를 밝히는 선물 같은 상자

사람과 사람을 잇는 다리

잠시 스쳐가는 인연

시원한 물 한잔의 고마움으로

오늘도

택배 차는

다시 다음의 기다림으로

출발하고 있다

토정비결

봄바람 타고 피어나는 희망
오늘의 길
내일의 길
마음이 바른 자 길을 얻고
성실한 땀방울은 결실로 돌아온다
그저
한 번쯤
정초(正初)의 운세 풀이로
흐린 구름 뒤
햇살은 늘 존재하니
겁내지 말고 걸어가라
하늘은 늘
그대의 발걸음을
지켜보고 있느니

포도

보랏빛 구슬
햇살 속에서 반짝인다
커다란 잎사귀 뒤에 숨어
손끝에 무겁게 달린다
한 알 깨물면
뜨거운 여름의 달콤함이 터지고
유년의 시간 속
보랏빛 연서
피어나는 아스라한 기억몰이

파도

조용히 모래 위를 스친다
해가 떠오르면
은빛 비늘 반짝이며
춤을 춘다
부서지고 모여
다시 일어나
모든 울림을 닫는다
바람이 속삭이면
파도는 노래가 되고
햇빛이 비추면
은빛 무늬를 새긴
그림이 된다

하나님의 능력

우리에게 선물로 주신
아름다운 자연
친구
연인
형제자매
고객
동료
이웃
일
하나님은 사람을 통해
말씀을 통해
기도를 통해
우리에게
지혜와 영감과 기회를 주신다
사랑하는 이여
하나님의 능력이 임하기를
기도합니다

행복

마음의 문이 열리던 날
믿음 위에 무언가 꿈틀거리며
용솟음치고 있음을 감지한다
아니다
부정 위에 부정을 하며
밤새 소리 없이 내리는 눈처럼
이미 소복소목 쌓여있었다
몸에서 느끼는 기운
자신감 희열
무엇에 비교할 수 없는 눈부신 삶의 빛
받아듦이 너부 행복했다
상주의 바다 물결처럼
잔잔하면서도 힘이 있고 아름다웠다
항상 첫 맘이 열성적인 것처럼
항상 첫 맘이 끝맘으로
행복이 오고 있으련

행복의 문

행복의 문
처음 열리던 날 기억하니?
행복의 문
첨 열리던 날
행복이 시작되었지
사랑도 시작되었지
여명의 새벽을 뚫고
힘차게 솟아오르는
붉은 태양처럼
언제나 그 자리
행복은 문
처음 열리던 날 그 말처럼
사랑도 맛있게
사랑도 열심히
사랑도 열성적으로
사랑도 관능적으로
마음이 청춘이면
몸도 청춘이리

행복한 가을 속으로

초록의
활기찬 시간들이 가고
황금빛이 출렁인다
결실의 계절 앞

넉넉함보다는
상강(霜降)이 지나니
바람결이 다르다

괜시리
허전하고
쓸쓸함의 고독
다가오는
겨울 그림자

쓸쓸함의 고독이
오기 전
우리 여행을 떠나자
행복한 가을 속으로

향기

안개 사이 길에서 달린다
마음이 상쾌하다
함께함의 만족
즐거움
황홀
느낌이 같은
하나 + 하나 = 하나
이쁨을 서로에게 주며
기쁨은 하나
건강하고 사랑할 수 있고
향기는
마음이 젊으니
몸도 젊음이라
하나 + 하나 = 하나

황금들판

이천이십사 년 가을
농부들의 얼굴이
누렇게 찌든 황금빛이 난다

벼들이 익어
가을걷이 시기에
왠 멸구가 판을 쳤다

건강한 구릿빛 얼굴에
하얀 이 내고 웃던
우리네 농부님은 없다

황금들판은
걱정들판이 되고

우리 이웃은
다 하늘나라에서
농사짓던 땅만 보고 있을 겁니다
옛이야기 하면서

문전옥답만
내려다보고 있을 겁니다

황금빛 호수

마음이 통하는 곳에 느껴지는
당신의 향기
언제나 그 자리
언제
저 황금빛 호수를
우리 걸로 만들어버리자는 말
저녁 놀 따라 시선이 머무는 곳에
내 안에 아름다운 사랑이 있어
언제나 그으 자리
하나의 빛으로
하나의 마음으로
하나의 움직임으로
내 안에 아름다운 사람은
그렇게 나의 내일을 물들여간다
그로 인하여
나는
행복하리라

흔적

이천이십오 년
을사년 오월
오래도록 평생을 안고 가겠지
다시 일상은 시작되고
늘 있어왔던
그 시간들
남기고 간 그 흔적들
그립고 아쉬움
육십팔 년 동고동락
내년 병오년
구순을 바라보고 남아버린
쓸쓸한 눈빛은
오늘도
유리창 넘어
대문칸으로 향하고 있었다
그렇게
우리에겐
을사년 오월이
흔적 없이 왔다가

슬픔과 연민으로

커다란 흔적을 남기고

가버렸다

든 자리

난 자리

지금은 없다

태산 같은 흔적은

우리들 마음 한켠에

다시 길이 되어있었다